BAYERISCHE AKADEMIE DER WISSENSCHAFTEN

PHILOSOPHISCH-HISTORISCHE KLASSE

SITZUNGSBERICHTE · JAHRGANG 1985, HEFT 1

DIETER MEDICUS

Zivilrecht und werdendes Leben

Vorgetragen am 9. November 1984

D1640298

MÜNCHEN 1985

VERLAG DER BAYERISCHEN AKADEMIE DER WISSENSCHAFTEN

In Kommission bei der C.H. Beck'schen Verlagsbuchhandlung München

ISSN 0342-5991
ISBN 3 7696 1534 4

© Bayerische Akademie der Wissenschaften München, 1985
Druck der C. H. Beck'schen Buchdruckerei, Nördlingen
Printed in Germany

BAYERISCHE AKADEMIE DER WISSENSCHAFTEN

PHILOSOPHISCH-HISTORISCHE KLASSE

SITZUNGSBERICHTE

JAHRGANG
1984

MÜNCHEN 1985

VERLAG DER BAYERISCHEN AKADEMIE DER WISSENSCHAFTEN

In Kommission bei der C.H.Beck'schen Verlagsbuchhandlung München

Jahrgang 1984

Inhalt

4   Inhalt

Bis vor kurzem hat man sich als mögliche Einwirkung auf werdendes (menschliches) Leben im wesentlichen nur die Abtreibung vorgestellt. Deren Bewertung ist traditionell in erster Linie Sache des Strafrechts[1]. Auf das Zivilrecht wirkt die strafrechtliche Bewertung vor allem insofern, als sie über § 134 BGB die Gültigkeit der eine Abtreibung betreffenden Rechtsgeschäfte ausschließen kann. Da aber aus solchen Geschäften ohnehin kaum geklagt wird, war diese Wirkung praktisch fast bedeutungslos. Eher wichtig ist gewesen, wie der BGH das Verbotensein der Abtreibung haftungsrechtlich berücksichtigt hat: Der eine verbotene Abtreibung vornehmende Arzt sollte für die schädlichen Folgen auch dann verantwortlich sein, wenn ihn an diesen selbst kein weiteres Verschulden traf[2]. Das bedeutet eine Art Haftung für versari in re illicita[3]: Wer sich schuldhaft in einen unerlaubten Zustand begibt, haftet für alle daraus entstehenden Schadensfolgen.

Gegenüber dieser Ausgangslage ist seit etwa zwei Jahrzehnten die Bedeutung des Zivilrechts für Fragen, die mit werdendem Leben zu tun haben, stark gewachsen. Das beruht erstens auf der Zunahme des Wissens über die maßgeblichen Kausalzusammenhänge. Daneben spielt aber auch eine Rolle, daß sich ganz neue Möglichkeiten ergeben haben, das Werden von menschlichem Leben zu beeinflussen. Dabei schreitet in einigen Bereichen die Entwicklung noch so stürmisch voran, daß ich dort über kurze Problemandeutungen kaum hinauskommen werde.

I. Schädliche Einwirkungen auf das werdende Leben

Zeitlich an erster Stelle erörtert worden sind Fälle der folgenden Art: Körperliche Einwirkungen auf eine Frau führen dazu, daß ein Kind krank geboren wird. Solche Einwirkungen können etwa beste-

---

[1] Ob zu der – rechtspolitisch vorrangigen – Verhinderung von Abtreibungen andere Rechtsgebiete mehr und Besseres beitragen können, ist eine andere Frage.
[2] BGHZ 7, 198, 207 im Anschluß an RGZ 168, 210.
[3] Dazu letztens Wacke, Festschr. H. Hübner (1984) 669, 689 ff.

hen in der Infektion der Frau mit Lues, so daß das Kind mit angeborener Lues zur Welt kommt[4]; oder in der Verletzung der Schwangeren bei einem Verkehrsunfall[5]. Die größte traurige Publizität hat diese Fallgruppe durch die im Zusammenhang mit dem Schlafmittel ,,Contergan" eingetretenen Mißbildungen erlangt. Dort wie in den meisten übrigen Fällen dieser Gruppe handelt es sich um Einwirkungen während der Schwangerschaft. Doch kann die Ursache für die Schädigung des Kindes bisweilen – wie in den Luesfällen – auch schon vor der Empfängnis liegen[6].

1. Ob das krank geborene Kind hier einen Ersatzanspruch gegen den Schädiger hat, ist vor allem mit zwei Argumenten verneint worden: Erstens hat man gesagt, das BGB kenne Ersatzansprüche wegen einer vorgeburtlichen Schädigung nur in § 844 Abs. 2 S. 2; dort aber gehe es bloß um den Schaden aus dem Verlust von Unterhaltsansprüchen; auch müsse das Kind zur Zeit der Schädigung schon gezeugt gewesen sein. Und zweitens ist argumentiert worden, die von § 823 Abs. 1 BGB geforderte ,,Verletzung der Gesundheit" setze voraus, daß der Verletzte zunächst einmal gesund gewesen sei; gerade daran aber fehle es hier[7].

Beide Argumente haben sich jedoch in der folgenden wissenschaftlichen Diskussion[8] nicht durchgesetzt, wie ich glaube mit Recht. Denn § 844 Abs. 2 S. 2 betrifft nur die Frage, wann ausnahmsweise auch ein primärer Vermögensschaden – nämlich der Schaden aus dem Verlust des Unterhaltsanspruchs – zu ersetzen ist. Daher erlaubt die Vorschrift keinen Gegenschluß für die regelmäßig zum Ersatz verpflichtende Gesundheitsverletzung. Und daß eine solche auch dann bejaht werden kann, wenn das Kind nie gesund war, hat der

---

[4] BGH JZ 1951, 758; BGHZ 8, 243.

[5] BGHZ 58, 48.

[6] So in den beiden Fällen von oben Fn. 4.

[7] So anscheinend noch BGH JZ 1951, 758.

[8] Etwa Heldrich, Der Deliktsschutz des Ungeborenen, JZ 1965, 593; Laufs, Haftung für Nachkommenschaftsschäden nach § 823 BGB, NJW 1965, 1055; Rheinstein, Rechtswidrige Erzeugung menschlichen Lebens – ein neuer Grund deliktischer Haftung?, Festschr. von Hippel (1967) 373; Rudolf Schmidt, Der Schutz der Leibesfrucht gegen unerlaubte Handlung, JZ 1962, 167; Selb, Schädigung des Menschen vor Geburt – ein Problem der Rechtsfähigkeit?, AcP 166 (1966) 76; Stoll, Zur Deliktshaftung für vorgeburtliche Gesundheitsschäden, Festschr. Nipperdey I (1965) 373.

BGH[9] mit einer geradezu naturrechtlichen Argumentation eindringlich bejaht: Der gesunde Zustand

„ist von Schöpfung und Natur für den lebenden Organismus eines Menschen vorausgegeben. Die Rechtsordnung ist in dieser Hinsicht an das Phänomen der Natur gebunden."

Folglich stelle jede künstlich verursachte Abweichung von dem natürlichen Zustand eine Gesundheitsverletzung dar ohne Rücksicht darauf, ob dieser je real bestanden habe.

2. Aufgrund der genannten Erwägungen sind dem krank geborenen Kind bisher aber Schadensersatzansprüche nur gegen einen Dritten zuerkannt worden: gegen den Träger des bei der Bluttransfusion auf die Mutter unsorgfältigen Krankenhauses; gegen denjenigen, der die Schwangere bei einem Unfall verletzt hat; wohl auch gegen den Hersteller von Contergan. Der theoretische Ansatz könnte jedoch auch Ersatzansprüche gegen die Eltern selbst begründen, sofern diese bei der Zeugung – etwa wegen bekannter Krankheiten oder schädlicher Erbanlagen – mit Schäden für das künftige Kind rechnen mußten oder während der Schwangerschaft unsorgfältig waren[10]. Dabei sind solche Ersatzansprüche weniger deshalb bedenklich, weil sie von dem Kind selbst – etwa vertreten durch einen Pfleger – gegen die Eltern erhoben werden könnten. Denn die Eltern haben im Rahmen ihrer Unterhaltspflicht ohnehin auch für den krankheitsbedingten Mehrbedarf des Kindes aufzukommen. Bedenken entstehen vielmehr vor allem dann, wenn solche Ersatzansprüche durch Legalzession auf einen Fürsorgeträger übergehen, der bei mangelnder Leistungsfähigkeit der Eltern für das Kind gesorgt hat: Insbesondere hier könnte Bedeutung erlangen, daß ein Schadensersatzanspruch in mancher Hinsicht strenger ist als ein Unterhaltsanspruch (etwa weil er entgegen § 1613 BGB auch die Vergangenheit umfaßt und weil er auf die Leistungsfähigkeit des Schuldners keinerlei Rücksicht nimmt).

Doch dürften solchen Schadensersatzansprüchen zwei Gesichtspunkte entgegenstehen: Erstens wird die Haftungsmilderung aus § 1664 BGB analog anzuwenden sein. Sie paßt etwa für unvorsichti-

---

[9] BGHZ 8, 243, 248.
[10] Zum folgenden insbesondere Selb aaO. 110 ff.

ges Verhalten während der Schwangerschaft, das neben der Leibesfrucht auch die Mutter selbst gefährdet (etwa mangelnde Vorsicht im Straßenverkehr oder beim Umgang mit Medikamenten). Leichte Fahrlässigkeit bräuchte dann nicht ersatzpflichtig zu machen. Und zweitens ist zu bedenken, daß sich die Alternative ja häufig nicht darauf richtet, ob das Kind krank oder gesund geboren wird. Vielmehr müßten Personen, die von Krankheiten oder gefährlichen Erbanlagen wissen, als Alternative zu der schadensträchtigen Zeugung diese ganz unterlassen. Das Kind hätte also nicht gesund statt krank geboren werden können, sondern bloß überhaupt nicht. Das ist die Problematik des wrongful life; von ihr wird bei der dritten Fallgruppe noch zu sprechen sein (unten III 1).

II. Das ,,schädliche Leben'': Durchkreuzte Familienplanung

Doch komme ich zunächst zu einer anderen, zweiten Fallgruppe. Sie wird schon seit etwa 15 Jahren eindringlich diskutiert, ohne daß bisher ein Konsens erreicht worden wäre. Es geht dabei im wesentlichen um die durchkreuzte Familienplanung: Ein Dritter bewirkt schuldhaft, daß Eltern ein Kind bekommen, dessen Empfängnis sie hatten verhindern wollen. Aus dieser Gruppe hatte die Praxis etwa die folgenden Sachverhalte zu entscheiden: Ein Apotheker liest ein Rezept nicht mit der ausreichenden Sorgfalt und verabreicht daher statt des verschriebenen Mittels zur Empfängnisverhütung ein Schlafmittel ähnlichen Namens[11]. Oder in einer Klinik wird eine Sterilisation schuldhaft schlecht durchgeführt, so daß sie eine Empfängnis nicht verhindert[12]. Oder für eine Sterilisation wird eine Methode gewählt, die weniger Sicherheit gewährt als möglich, wobei eine Aufklärung des Patienten über das verbliebene Risiko und über andere, mehr Sicherheit gewährende Methoden unterbleibt[13]. In allen diesen Fällen fragt es sich, ob die Eltern für die durch die Geburt des Kindes entstehende Unterhaltslast Ersatz verlangen können; in

---

[11] LG Itzehoe, VersR 1969, 265 = FamR 1969, 90.
[12] Häufigster Fall: etwa BGHZ 76, 249; 259; OLG Düsseldorf, NJW 1975, 595.
[13] OLG Frankfurt, NJW 1983, 341, Revisionsentscheidung BGH VersR 1984, 864 (= NJW 1984, 2625).

den Beispielen etwa von dem Apotheker oder dem Träger des mit der Sterilisation betrauten Krankenhauses. Zweifelsfrei liegt in allen genannten Fällen eine zu verantwortende Vertragsverletzung vor; fraglich ist dagegen ein ersatzfähiger Schaden.

1. Dieser ist mehrfach mit dem Argument geleugnet worden, die Entstehung menschlichen Lebens werde von der Rechtsordnung positiv bewertet und dürfe daher nicht zugleich negativ als Schaden angesehen werden. Polemisch hat man auch formuliert, ein Kind könne kein Schaden sein. Doch wird damit das Problem verzeichnet: Als Schaden erscheint ja nicht das Kind, sondern nur die mit ihm verbundene Unterhaltspflicht. Und daß eine solche Belastung mit einer Verbindlichkeit einen Schaden darstellen kann, ist ganz unzweifelhaft. Übrigens hatte schon das RG[14] eine Provinz als Trägerin einer Heil- und Pflegeanstalt zum Schadensersatz an einen geisteskranken Patienten verurteilt, mit dem sich eine Pflegerin der Anstalt pflichtwidrig eingelassen und diesen so zum Vater gemacht hatte.

2. Weniger leicht widerlegen läßt sich dagegen eine Argumentation, die auf den engen natürlichen Zusammenhang zwischen der Geburt und der Unterhaltspflicht abstellt. Kürzlich hat das OLG Frankfurt[15] das so formuliert: Das Lebensrecht eines Kindes dürfe auch nicht mittelbar in Frage gestellt werden. Darauf liefe es aber hinaus, wenn rechtens gegen Dritte der Vorwurf erhoben werden könnte, das Leben des Kindes pflichtwidrig nicht verhindert zu haben, und wenn der Staat zur Durchsetzung der daraus abgeleiteten Sanktionen seine Hilfe gewährte. Ähnlich wird auch vielfach in der Literatur argumentiert[16].

In denselben Zusammenhang gehört es weiter, wenn man es für anstößig hält, die natürliche Verbindung zwischen Elternschaft und

---

[14] RGZ 108, 86.

[15] NJW 1983, 341, 342.

[16] Vgl. zu dem Problemkreis etwa Adomeit, Jura 1981, 196; Diederichsen, VersR 1981, 693; Eberhard, ZfVersicherungswesen 1969, 251; D. und A. Giesen, FamRZ 1969, 319; D. Giesen, FamRZ 1970, 565; Heldrich, JuS 1969, 455; Lankers, FamRZ 1969, 385; Löwe, VersR 1969, 573; ders., VersR 1970, 430; Mertens, FamRZ 1969, 227; Schiemann, JuS 1980, 709; Selb, JZ 1971, 201; Stürner, VersR 1984, 297, 305; Zimmermann, JZ 1981, 86, 88, vgl. jetzt noch Deuchler, Die Haftung des Arztes für die unerwünschte Geburt eines Kindes (,,wrongful birth"). Eine rechtsvergleichende Darstellung des amerikanischen und des deutschen Rechts (1984).

Unterhaltslast durch Schadensersatzansprüche zu stören[17]. So hat man in dem Fall des falsch gelesenen Rezepts spitz, aber in gewissem Sinn treffend von „des Apothekers Sohn" gesprochen[18].

Endlich ist eingewendet worden, ein Schadensersatzanspruch gegen einen Dritten komme nur wegen eines unerwünschten Kindes in Frage. Es sei aber rechtspolitisch verfehlt, eine fortdauernde Distanzierung der Eltern von ihrem Kind durch einen Schadensersatzanspruch in beträchtlicher Höhe zu belohnen[19].

3. Trotz dieser eindrucksvollen Argumente hat der VI. ZS des BGH einen Schadensersatzanspruch der in ihrer Familienplanung enttäuschten Eltern grundsätzlich bejaht. Dies ist am 18. 3. 1980 durch zwei Grundsatzentscheidungen[20] geschehen, die noch jüngst gegen die neuere Kritik bestätigt worden sind[21]. Zur Begründung wird im wesentlichen geleugnet, daß der Ersatzanspruch das Lebensrecht des Kindes irgendwie in Frage stelle. Vielmehr sei die Familienplanung rechtlich anerkannt und schutzwürdig. Auch rechtspolitisch sei gegen den Ersatzanspruch nichts einzuwenden: Die Planung beruhe vielfach auf wirtschaftlichen Erwägungen. Daher könnten die Eltern eher dazu veranlaßt werden, das Kind zu akzeptieren, wenn der Ersatzanspruch für dessen Unterhalt sorge.

Nach den Urteilen[22] soll es auch nicht gegen die Unerwünschtheit des Kindes – und damit gegen den Schaden – sprechen, daß die Eltern ihr Kind nicht zur Adoption gegeben haben: Den Eltern könne nicht gegen ihren Willen die Trennung „von einem trotz seiner ungewollten Geburt geliebten Kind" angesonnen werden. In diesem Satz erscheint die Problematik des Tatbestandsmerkmals der „Unerwünschtheit" ganz besonders deutlich: Wie ist sie mit der Liebe zum Kind und dem Festhalten an ihm vereinbar?

---

[17] So letztens OLG Frankfurt, NJW 1983, 341, 342.
[18] So Gritschneder, Rhein. Merkur v. 3. 1. 1969.
[19] So letztens OLG Frankfurt aaO. 343.
[20] BGHZ 76, 249; 259.
[21] VersR 1984, 864 (= NJW 1984, 2625).
[22] BGHZ 76, 249, 257 f.; 259, 264. Littbarski, Rechttheorie 15 (1984) 171, 205 ff. meint jetzt, die „Unerwünschtheit" sei überflüssig. Aber das ist unrichtig: Eine erwünschte Änderung kann nie ein Schaden sein (vgl. Staudinger-Medicus, BGB 12. Aufl. 1980, § 249 Rdnr. 7 ff.). Übrigens hat dieses Erfordernis mit dem sog. „normativen Schadensbegriff" nichts zu tun.

4. Die eben geschilderten Entscheidungen des BGH führen zu einer doppelten Zuordnung des Kindes: Familienrechtlich gehört es zu seinen leiblichen Eltern, aber für seinen Unterhalt muß in erster Linie der schadensersatzpflichtige Dritte aufkommen. Das kann sogar – wie in den Krankenhausfällen – eine juristische Person oder eine gesamtschuldnerisch haftende Mehrheit von Personen sein.

Ganz wohl ist denn offenbar auch dem BGH bei dieser Annäherung des Kindes an einen familienfremden Dritten nicht: Eigentlich müßte sich der Schadensersatzanspruch gegen diesen Dritten ja danach bestimmen, was die Eltern ihrem Kind an Unterhalt schulden, und das wieder richtet sich nach familienrechtlichen Vorschriften (§§ 1602 Abs. 2, 1603 Abs. 2, 1609 ff. BGB). Danach erstreckt sich das Familienrecht mittelbar auch auf den Dritten. Im Widerspruch hierzu löst der BGH jedoch den Schadensersatzanspruch in gewissem Umfang vom Unterhaltsrecht[23]: Der Dritte soll unabhängig von der persönlichen Leistungsfähigkeit der Eltern nur denjenigen Betrag schulden, ,,der nach durchschnittlichen Anforderungen für das Auskommen des Kindes erforderlich ist''. Als Anhalt dafür sollen die Sätze des Regelunterhalts für nichteheliche Kinder gelten (§ 1615f. BGB), vermehrt um einen Zuschlag für den Wert der von der Mutter erbrachten ,,pflegerischen Dienstleistungen''. Wenn besondere Umstände, etwa eine nachhaltige Erkrankung des Kindes, einen Sonderbedarf begründen, soll der Dritte allerdings auch hierfür ersatzpflichtig sein. Völlig wird also der Schadensersatzanspruch von dem weiteren persönlichen Schicksal des Kindes nicht gelöst.

5. Dabei räumt der BGH[24] ausdrücklich ein, die von ihm vorgetragene Lösung könne ,,dogmatisch nicht zwingend sein''; eine gesetzliche Regelung sei ,,dringend erforderlich''. Doch ist die Ansicht des BGH zur Schadenshöhe[25] wie überhaupt zur Begründung eines Ersatzanspruchs noch viel zu heftig umstritten, als daß man dem Gesetzgeber mit Überzeugung eine bestimmte Regelung empfehlen könnte.

---

[23] BGHZ 76, 259, 265 ff., insbes. 270 f.
[24] BGHZ 76, 259, 268, 270.
[25] Vgl. insbesondere Diederichsen, VersR 1981, 693. Adomeit, Jura 1981, 196, 199 empfiehlt ein einmaliges Schmerzensgeld, um die Schwierigkeiten bei der Ermittlung des Vermögensschadens zu vermeiden.

Im Grunde hätten die Schwierigkeiten, die sich bei der Schadenshöhe sichtbar ergeben, den BGH statt zu einem Ruf nach dem Gesetzgeber eher zu Zweifeln an der Bejahung des Ersatzanspruchs veranlassen können. Auch von Kollegen aus anderen Ländern werden immer wieder Bedenken gegen diese Rechtsprechung geäußert. Endlich wird der BGH den Konsequenzen kaum ausweichen können, die vor kurzem das OLG Frankfurt[26] aufgezeigt hat: Ein Ersatzanspruch müßte auch in mehreren anderen Fallgruppen der mißglückten Empfängnisverhütung oder Abtreibung gewährt werden, womöglich sogar aus der Nichteinhaltung von Absprachen über den Gebrauch empfängnisverhütender Mittel.

Daher vermag ich dem BGH hier nicht zu folgen. Höchst zweifelhaft scheint es mir übrigens auch, daß das Gericht der Mutter wegen der ungewollten Geburt einen Schmerzensgeldanspruch gewährt hat: Auch eine normal verlaufende Schwangerschaft könne eine Körperverletzung darstellen[27]. Doch ist das in diesem Rahmen nicht weiter zu erörtern.

III. Die nicht verhinderte Geburt eines geschädigten Kindes

Vielmehr gehe ich gleich zu einer dritten Fallgruppe über. Als Beispiel für sie mag der erste derartige vom BGH entschiedene Fall stehen[28]: Eine Ehefrau hat im Frühstadium einer (an sich erwünschten) Schwangerschaft Anlaß zu der Befürchtung, an Röteln erkrankt zu sein. Sie teilt das ihrem Arzt mit. Dieser unterläßt jedoch ausreichende diagnostische Bemühungen zur Feststellung, ob die Frau wirklich erkrankt ist. Diese unternimmt daher nichts zu einem an sich zulässigen Abbruch der Schwangerschaft. Das Kind kommt wegen der Erkrankung der Mutter mit schwersten Schäden zur Welt; es

---

[26] NJW 1983, 341, 343f.

[27] BGHZ 76, 259, 260 (dort ohne Begründung abgedruckt) = VersR 1980, 558 (mit Begründung); BGH VersR 1981, 730; 1984, 864, 866, dagegen vor allem OLG Frankfurt, NJW 1983, 341, 342, kritisch auch Schiemann, JuS 1980, 709.

[28] BGHZ 86, 240, ausführlichere Sachverhaltsschilderung in VersR 1981, 757. Vgl. auch eindringlich Niebler in F.-X. Kaufmann, Ärztliches Handeln zwischen Paragraphen und Vertrauen (1984) 23, 57ff.

bedarf dauernder Betreuung. Sowohl die Eltern wie auch das Kind verlangen vom Arzt Schadensersatz. Diese Fallgruppe unterscheidet sich wesentlich von den beiden bisher behandelten. Denn anders als in den Fällen der Gruppe I hat hier der behandelnde Arzt die Krankheit des Kindes nicht verursacht; diese beruht vielmehr allein auf der Krankheit der Mutter. Und anders als in den Fällen der Gruppe II war das Kind hier auch nicht im Rahmen einer Familienplanung generell unerwünscht; die Eltern wollten das Kind nur wegen der Risiken nicht, die sich aus einer Erkrankung der Mutter ergaben.

1. a) Für eine Klage des Kindes gegen den Arzt hat der BGH[29] zunächst schon eine Anspruchsgrundlage verneint. Dem ist hinsichtlich von Deliktsansprüchen beizutreten: Es ist eben kein für das Deliktsrecht typisches Integritätsinteresse des Kindes verletzt, also ein Interesse daran, seine vorhandenen Rechtsgüter ohne Einbuße zu erhalten[30]. Dagegen hätte sich wohl begründen lassen, das Kind sei in den Schutzbereich des Behandlungsvertrages zwischen der Mutter und dem Arzt einbezogen[31]. Dagegen spricht auch nicht der vom BGH[32] betonte Umstand, daß die einen Schwangerschaftsabbruch erlaubenden Indikationen des § 218a StGB nur dem Interesse der Mutter dienen sollen. Denn durch diese Schutzrichtung des Strafrechts wird die Mutter nicht gehindert, vertraglich einen Anspruch auf Aufklärung über die dem Kind drohenden Schäden auch in dessen Interesse zu vereinbaren.

b) Entscheidend bleibt demgegenüber die Frage nach einem Schaden des Kindes. Ein Schaden wird gemäß § 249 S. 1 BGB regelmäßig durch einen Vergleich zweier Zustände ermittelt: nämlich desjenigen Zustandes, der bei pflichtgemäßem Verhalten bestünde, und des wirklich bestehenden. Bei pflichtgemäßem Verhalten des Arztes wäre das Kind abgetrieben worden; real ist es krank am Leben. Der BGH wie auch als Vorinstanz das OLG München sind sich trotz einiger abweichender Formulierungen in der Sache darin einig, daß

---

[29] BGHZ 86, 240, 250ff.

[30] Das von Deutsch, JZ 1983, 451 erwogene „werdende Persönlichkeitsrecht" kann kaum weiterreichen als das, was an Persönlichkeit schon vorhanden ist.

[31] Ebenso Deutsch, JZ 1983, 451, zustimmend Aretz, JZ 1984, 719, 720.

[32] BGHZ 86, 240, 246 (vom BGH selbst als Argument zutreffend abgelehnt).

ein Vergleich dieser beiden Zustände keinen Schaden des Kindes
ergeben kann[33]. Das OLG München[34] hat dies noch durch den Hinweis ergänzt, auch ein normativer Schadensbegriff führe hier zu kei-
nem anderen Ergebnis. Und der BGH[35] sagt im gleichen Sinn wört-
lich:

„Vielmehr hält der Senat dafür, daß in Fällen wie dem vorliegenden überhaupt die
Grenzen erreicht und überschritten sind, innerhalb derer eine rechtliche Anspruchs-
regelung tragbar ist. Der Mensch hat grundsätzlich sein Leben so hinzunehmen, wie
es von der Natur gestaltet ist, und hat keinen Anspruch auf seine Verhütung oder
Vernichtung durch Dritte."[36]

c) Diese Entscheidung, die das wrongful life des Kindes ohne di-
rekten schadensrechtlichen Ausgleich läßt, entspricht zwar der über-
wiegenden Rechtsprechung in England und den USA[37]. Sie ist aber
vereinzelt auf Kritik gestoßen. Insbesondere hat Deutsch[38] dem Kind
einen Anspruch zwar nicht auf den gewöhnlichen Unterhalt gewäh-
ren wollen, aber doch auf den krankheitsbedingten Mehrbedarf: Dieser sei adäquat kausal und liege evident im Schutzbereich der Norm.
Das schadensrechtliche Alles oder Nichts-Prinzip sei nicht heranzu-
ziehen.

Ich halte diese Argumentation für unrichtig[39]. Denn die Heranzie-
hung des Alles oder Nichts-Prinzips steht nicht im Belieben des
Rechtsanwenders, sondern sie ist vom Gesetzgeber beim Nichtvor-
liegen besonderer Voraussetzungen zwingend vorgeschrieben. Und
die Hinweise auf Adäquanz und Schutzbereich helfen nicht über das
Problem hinweg: Deutsch will das Kind so stellen, als hätte es gesund – also mit normalem Unterhaltsbedarf – geboren werden können. Eben das war aber wegen der vom verklagten Arzt nicht zu
verantwortenden Erkrankung der Mutter ausgeschlossen; man kann

---

[33] BGHZ 86, 240, 254; OLG München, VersR 1981, 757, 758.
[34] aaO.
[35] BGHZ 86, 240, 254.
[36] Inwieweit diese Sätze eine allgemeinere Absage an die Tendenz bedeuten, Un-
glück als Unrecht auszugeben und deshalb Ersatz zu fordern, muß sich noch zeigen.
[37] Vgl. die Angaben bei BGHZ 86, 240, 250f., dazu noch Cornish, VersR 1983,
1117.
[38] JZ 1983, 451, 452.
[39] Ablehnend auch Giesen, JR 1984, 221, 224 (mit Belegen in Fn. 57); Aretz, JZ
1984, 719, 720.

also den Arzt nicht dafür haftbar machen, daß das Kind nicht gesund ist.

Endlich bleibt bei Deutsch ein eindrucksvolles Argument unberücksichtigt, mit dem der BGH[40] seine Entscheidung andeutungsweise unterstützt hat: Erbschäden könnten sich über viele Generationen hinziehen. Wenn die Haftung erst einmal dem Grunde nach bejaht werde, so muß man das wohl weiterdenken, wäre eine Grenze nur schwer zu finden.

2. Während der BGH also die Klage des Kindes – wie ich glaube, mit Recht – abgewiesen hat, ist der Klage der Eltern stattgegeben worden. Dabei beschränkt sich das Urteil allerdings gemäß dem gestellten Antrag[41] auf den krankheitsbedingten Mehrbedarf für den Unterhalt des Kindes. Über den normalen Unterhalt hat das Gericht zunächst ausdrücklich nicht entschieden. Doch hat jetzt ein neues Urteil des BGH konsequenterweise auch diesen zuerkannt[42]: Die Eltern konnten eben dieses Kind bloß entweder überhaupt nicht oder nur mit der Behinderung haben, aber nicht als gesundes.

Das Problem dieses Schadensersatzanspruchs liegt darin, daß die Eltern die Belastung mit dem Unterhalt für das kranke Kind nur durch einen Abbruch der Schwangerschaft hätten vermeiden können. Ein solcher Abbruch war hier durch § 218a StGB indiziert. Der BGH sieht in dieser Vorschrift mit der ganz h. M.[43] nicht bloß einen Strafausschließungs-, sondern einen Rechtfertigungsgrund[44]. Allerdings bleibt auch hier als Bedenken das vorhin angeführte Argument des OLG Frankfurt (oben II 2): Letztlich wird ja dem Arzt vorgeworfen, der Mutter die nötige Aufklärung vorenthalten und ihr damit die Entscheidung für den Schwangerschaftsabbruch unmöglich gemacht zu haben. Mittelbar wird so wieder das Leben des Kindes in Frage gestellt.

Doch ist die Lage hier etwas anders als bei den Fällen der Gruppe II. Denn in § 218a StGB legt der Gesetzgeber selbst die Entschei-

---

[40] BGHZ 86, 240, 254.

[41] Vgl. BGHZ 86, 240, 247.

[42] BGHZ 89, 95, 104 ff. (freilich mit der zutreffenden Einschränkung, der Ersatzanspruch bestehe nicht, wenn das Kind ohne die zu befürchtende Schädigung geboren werde).

[43] Kritisch jetzt aber Gerhard Müller, NJW 1984, 1798.

[44] BGHZ 86, 240, 245.

dung über das Leben des Kindes ausdrücklich in die Hand der Mutter. Dann wird man das Ergebnis, das diese Entscheidung bei ordentlicher Information der Mutter gebracht hätte, auch als haftungsbegründendes Element verwenden können. Übrigens scheint für solche Fälle auch das OLG Frankfurt einen Ersatzanspruch in Erwägung zu ziehen[45].

3. Bei wirtschaftlicher Betrachtung deckt dieser Anspruch der Eltern[46] zunächst einmal den Unterhaltsbedarf des Kindes. Man kann es sogar für sachgerecht halten, daß das Geld direkt an die Eltern fließt und nicht zunächst an das Kind: Diese sind es ja, die dem Kind den Unterhalt zu leisten haben. Die Harmonie von Schaden und Anspruchsberechtigung zerbricht aber mit dem Tod der Eltern: Dann erlischt nämlich ihre Unterhaltspflicht und zugleich ihr ersatzfähiger Schaden. Hieran ändert sich selbst dann nichts, wenn das kranke Kind der Alleinerbe seiner Eltern würde. Denn in dem ererbten Ersatzanspruch kann nicht der Unterhaltsschaden der Eltern gegen den eigenen Bedarfsschaden des kranken Kindes ausgewechselt werden; der Anspruch erlischt also auch hier.

Der BGH[47] hat diese Konsequenz gesehen und gemeint, sie müsse hingenommen werden: Hier verwirkliche sich

,,ein schicksalhafter Verlauf, auf dessen Abbruch das Kind selbst keinen Anspruch haben kann und dessen Auswirkungen im Rahmen des Möglichen von der Allgemeinheit ausgeglichen werden müsse.''

Dieser Appell an den Sozialstaat mag unbefriedigend wirken. Doch ist zu bedenken, daß dieser Staat den Bedarf kranker Kinder auch in den weit häufigeren Fällen aufzufangen hat, in denen die Ersatzpflicht eines Dritten von vornherein nicht in Betracht kommt. Letztlich ist das Eintreten des Staates wohl der nötige Preis dafür, daß insbesondere ärztliches Handeln nicht mit ganz unabsehbaren Risiken belastet wird: Sonst bestünde die Gefahr, daß der Arzt in Zwei-

---

[45] NJW 1983, 341, 344 mit dem Vorbehalt für ,,besondere Ausnahmefälle''.
[46] Auch des an dem Arztvertrag nicht beteiligten Ehemanns, BGHZ 86, 240, 249f.: Dieser sei in den Schutzbereich des Vertrages eingeschlossen. Vgl. auch Giesen, JR 1984, 221, 223 mit dem Hinweis auf § 1357 BGB.
[47] BGHZ 86, 240, 255.

felsfällen allzu leicht den – für ihn zivilrechtlich nicht riskanten – Rat zur Abtreibung gibt[48].

IV. Das künstlich ermöglichte „Wunschkind"

In den eben behandelten beiden Fallgruppen ist es darum gegangen, durch einen Schadensersatzanspruch denjenigen Unterhaltsaufwand auszugleichen, der durch ein unerwünschtes Kind entsteht: „unerwünscht" deshalb, weil es der Familienplanung widerspricht (Fallgruppe II) oder weil es schwer behindert ist (Fallgruppe III). Daneben gibt es andererseits aber auch Zivilrechtsprobleme, die sich aus dem Wunsch nach einem Kind ergeben. Die Problematik entsteht hier deshalb, weil dieser Wunsch in Formen verwirklicht wird, die der Gesetzgeber des BGB nicht vorausgesehen hat; den spektakulärsten Fall bildet das sog. „Retortenbaby". Doch gibt es innerhalb dieser Fallgruppe des „künstlichen Wunschkindes" sehr erhebliche Unterschiede.

1. Zunächst sei die aus den USA stammende sog. „Kauf-" oder „Miet-" oder „Ersatzmutterschaft" behandelt: Eine Frau verpflichtet sich typischerweise einem Ehepaar gegenüber, für dieses ein Kind zu empfangen, es auszutragen und es diesem gleich nach der Geburt zur Adoption zu überlassen; das Ehepaar verspricht dafür eine Vergütung (nach Presseberichten Beträge bis zu 30 000,– DM[49]). Diese Ersatzmutterschaft soll die Unfruchtbarkeit der Ehefrau ausgleichen; regelmäßig soll die Befruchtung mit dem Sperma des Ehemanns erfolgen. Dabei beschränke ich mich im folgenden auf den einfacheren Fall, daß die Ersatzmutter selbst bei Empfängnis und Geburt des Kindes ledig ist[50].

a) Der familienrechtliche Status des von einer solchen Ersatzmutter geborenen Kindes ist klar: Es ist deren nichteheliches Kind. Folglich ist es auch das nichteheliche Kind des Ehemanns, von dem das Sper-

---

[48] Durch eine Haftpflichtversicherung des Arztes wird dieses Problem zwar gemildert, aber nicht beseitigt.

[49] Vgl. Kühl-Meyer, ZBlJR 1982, 763 mit Angaben über Presseberichte.

[50] Zur verheirateten Ersatzmutter Coester-Waltjen, NJW 1982, 2528, 2531: Dann muß zunächst die vermutete Ehelichkeit des Kindes angefochten werden, §§ 1593ff. BGB.

ma stammt; nach § 1600a BGB kann diese Vaterschaft freilich erst
nach Anerkennung oder gerichtlicher Feststellung geltend gemacht
werden. Daß dieser Mann bei künstlicher Insemination der Mutter
nicht im Sinne des BGB ,,beigewohnt" hat, soll nach allgemeiner
Ansicht[51] ohne Bedeutung bleiben.

Nach § 1723 BGB kann dieses Kind auf Antrag des Vaters vom
Vormundschaftsgericht als sein eheliches Kind erklärt werden[52].
Doch läßt sich so das Ziel der Eheleute, ein gemeinschaftliches Kind
zu erhalten, nicht erreichen. Hierfür eignet sich nur die gemeinsame
Annahme als Kind (Adoption), § 1754 BGB. Allein durch sie wird
auch – was ja gleichfalls gewünscht ist – die Verwandtschaft zwischen der leiblichen Mutter und dem Kind gelöst[53], § 1755 BGB.
Diese Adoption kann nicht deshalb versagt werden, weil die Vorgänge, die mit der Zeugung des Kindes zusammenhängen, womöglich
gegen die guten Sitten verstoßen[54].

b) Damit komme ich zu der überaus streitigen Frage nach der
Wirksamkeit des über die Ersatzmutterschaft abgeschlossenen Vertrages.

aa) Hierzu ist gesagt worden, sittenwidrig und daher nichtig (§ 138
BGB) sei dieser Vertrag schon ,,wegen des Handels mit menschlichem Leben zu Preisen eines Mittelklassewagens"[55]. Dieses Verdikt
träfe wohl zu, wenn es wirklich um einen ,,Handel mit menschlichem Leben" ginge, also wenn z. B. Eltern ihr schon geborenes Kind
verkauften. Dabei käme es dann nicht einmal auf Vorhandensein

---

[51] Coester-Waltjen aaO. 2529 mit Belegen.

[52] Dazu Coester-Waltjen aaO. 2530.

[53] Aber wäre ein höherer oder niederer Preis etwa eher sittengerecht? Und ist es zu
tadeln, daß ein Ehepaar Geld lieber für ein Kind als für einen Kraftwagen ausgeben
will? Hiermit wird die genetische Abstammung ebensowenig geleugnet, wie das bis
zur Neuordnung des Nichtehelichenrechts § 1589 II a. F. BGB getan hat (,,Ein unehe-
liches Kind und dessen Vater gelten nicht als verwandt"). Vielmehr werden durch die
Verneinung der Verwandtschaft nur die mit dieser verbundenen vermögensrechtli-
chen Folgen ausgeschlossen, vor allem Unterhaltsansprüche und gesetzliches Erbrecht. Dagegen bleiben personenrechtliche (z. B. das Ehehindernis der Verwandtschaft, § 4 Abs. 1 S. 2 EheG) und strafrechtliche Folgen der Verwandtschaft erhalten.
Für die Adoption legalisiert § 1755 BGB nur den Zustand, der durch die Ausbreitung
der Inkognito-Adoption schon weitgehend vorbereitet war.

[54] So zutreffend Coester-Waltjen aaO. 2531.

[55] So Lauff-Arnold, ZRP 1984, 279, 282.

oder Höhe des Preises an; selbst ein solches ,,Schenkungsversprechen" wäre nichtig. Aber bei der Ersatzmutterschaft geht es zunächst einmal um die Schaffung menschlichen Lebens für andere, und das unterscheidet sich wohl doch wesentlich von einem ,,Handel".

Daher sollte man das Verdikt der Sittenwidrigkeit nur auf besondere Umstände eines konkreten Vertrages[56] und nicht allgemein auf das Vorliegen einer Gegenleistung stützen. Solche Umstände mögen in der Art der Vermittlung liegen, etwa wenn eine Ersatzmutter nach Katalog ausgesucht wird[57]. Auch der extravagante Wunsch nach einer ,,besonderen Mutter" (etwa einer berühmten Sportlerin) mag Sittenwidrigkeit begründen. Dagegen läßt sich diese nicht auf die Vereinbarung eines Entgelts stützen, das die Aufwendungen der Mutter decken soll[58]. Ein Anspruch hierauf ist nämlich für die nichteheliche Mutter schon im Gesetz vorgesehen (§§ 1615k, 1 BGB). Auch eine Vergütung, die den so sich ergebenden Betrag mäßig übersteigt, dürfte den Vertrag nicht allemal nichtig machen[59].

bb) Eine andere Frage ist jedoch, was überhaupt mit einem solchen Vertrag wirksam vereinbart werden kann, wieweit also in diesem Bereich die Privatautonomie reicht.

Insoweit scheint mir mit Sicherheit jede Verpflichtung der Ersatzmutter ausgeschlossen, ihr Kind zur Adoption abzugeben. Denn eine wirksame Einwilligung in eine Adoption ist nach § 1747 Abs. 3 BGB frühestens acht Wochen nach der Geburt möglich. Diese Vorschrift soll die Mutter vor übereilten Entschlüssen schützen[60]. Sie muß daher notwendig auch eine früher eingegangene schuldrechtliche Bindung hindern[61].

Aus ähnlichen Gründen scheint mir ebenso eine Verpflichtung der ,,Besteller" zur Abnahme des Kindes ausgeschlossen[62]. Hier kommt noch der spätestens bei der Entscheidung über die Adoption zu be-

---

[56] So im Ansatz auch Coester-Waltjen, NJW 1982, 2528, 2532ff., strenger wohl Kühl-Meyer, ZBlJR 1982, 763, 766.
[57] Vgl. Lauff-Arnold aaO.
[58] So zutreffend Coester-Waltjen aaO. 2533.
[59] Strenger insoweit wohl Coester-Waltjen aaO.
[60] MünchKomm-Lüderitz, BGB (1978), § 1747 Rdnr. 8f. mit Belegen.
[61] Ebenso etwa Coester-Waltjen aaO.; MünchKomm-Lüderitz aaO. Rdnr. 11: Möglich nur eine rechtsfolgenlose Absichtserklärung der Mutter.
[62] Ebenso Coester-Waltjen aaO., vgl. auch § 1744 BGB (Probezeit).

rücksichtigende Gedanke an die Interessen des Kindes hinzu: Diesen
Interessen widerspricht es, das Kind jemandem aufzudrängen, der es
nicht (mehr) haben will.

Als rechtlich zulässiger Inhalt des Vertrages bleibt danach bloß:
Wenn die Ersatzmutter das Kind wirklich austrägt und zur Adoption
freigibt, haben die Wunscheltern den in den Grenzen des Sittengemä-
ßen vereinbarten Betrag zu zahlen; sie brauchen aber das Kind nicht
zur Adoption anzunehmen.

Ob hierüber hinausreichende unwirksa-
me Vereinbarungen nach § 139 BGB auch den Vertragsrest nichtig
machen oder ob eine geltungserhaltende Reduktion auf das zulässige
Maß möglich ist[63], soll hier nicht weiter erörtert werden: Das ist
zunächst eine Frage der allgemeinen Rechtsgeschäftslehre[64].

2. Gewissermaßen komplementär zu der eben behandelten Er-
satzmutterschaft sind Fälle der folgenden Art: Eheleute vereinbaren,
daß die Frau ein Kind durch Übertragung des Spermas eines anderen
Mannes empfangen soll. Regelmäßig geschieht das wohl, weil der
Ehemann selbst zeugungsunfähig ist, oder weil von ihm stammende
Erbschäden zu befürchten sind.

a) Hier entstehen regelmäßig keine zivilrechtlichen Probleme,
wenn sich der Ehemann rein tatsächlich an die Vereinbarung hält.
Denn dann ist das Kind, weil während der Ehe geboren, ehelich. Daß
es von einem anderen Mann stammt, kann nach § 1593 BGB erst
nach erfolgreicher gerichtlicher Anfechtung der Ehelichkeit geltend
gemacht werden. Und zu einer solchen Anfechtung ist nach den
§§ 1594ff. BGB regelmäßig allein der Ehemann berechtigt, nur ausnahmsweise (§ 1596) auch das Kind[65] und nie die Ehefrau sowie der
dritte Erzeuger[66]. Hat der Ehemann binnen zwei Jahren seit der Geburt nicht angefochten, so erlischt sein Anfechtungsrecht, § 1594
BGB; die Rechtslage ist dann endgültig geworden. Insbesondere

---

[63] Das bejaht weitgehend Coester-Waltjen aaO.
[64] Vgl. etwa Larenz, Allg. Teil des deutschen Bürgerlichen Rechts (6. Aufl. 1983)
§ 23 II e S. 454ff.; Zimmermann, Richterliches Moderationsrecht und Teilnichtigkeit
(1979).
[65] In Betracht kommen vor allem § 1596 Abs. 1 Nr. 1 (Ehescheidung) und Nr. 5
(schwere Erbkrankheit des Scheinvaters).
[66] Zur Problematik des Ausschlusses der Frau vgl. Gernhuber, Familienrecht
(3. Aufl. 1980) § 45 II 2 mit Nachweisen.

kommen Unterhaltsansprüche des Kindes gegen den Samenspender oder ein gesetzliches Erbrecht nach diesem nicht in Betracht.

b) Probleme ergeben sich dagegen, wenn der Ehemann die Ehelichkeit trotz seiner Einwilligung in die Fremdinsemination anfechten will.

aa) Umstritten war hier vor allem, ob nicht diese Einwilligung dem Anfechtungsrecht entgegensteht[67].

Der BGH[68] hat das in einer Entscheidung von 1983 verneint: Ein rechtsgeschäftlicher Ausschluß des Anfechtungsrechts habe, wie sich aus der Gesetzgebungsgeschichte ergebe, nicht zugelassen werden sollen. Dieses Recht sei bei einer rasch nach der Geburt des Kindes erfolgenden Anfechtung auch nicht verwirkt. Endlich liege in seiner Ausübung regelmäßig kein Verstoß gegen das Verbot widersprüchlichen Verhaltens (also des venire contra factum proprium). Denn wenn die Einwilligung unwirksam sei, könne sie regelmäßig auch kein bindendes Vorverhalten darstellen. Ob die Einwilligung womöglich schon nach § 138 BGB wegen Sittenwidrigkeit nichtig ist, hat der BGH nicht ausdrücklich erörtert; von seinem Standpunkt aus bestand dazu auch keine Notwendigkeit.

Freilich muß man bei der Würdigung dieses Urteils die besonderen Umstände des zugrunde liegenden Falles bedenken[69]: Der die Anfechtung betreibende Ehemann war ein tabletten- und alkoholsüchtiger Frauenarzt; er war weder selbst zeugungsunfähig noch war festgestellt worden, daß sein Erbgut geschädigt sei; der Wunsch nach dem Kind war auch nicht von ihm ausgegangen, sondern von seiner Frau, die durch das Kind die kriselnde und inzwischen auch zerbrochene Ehe retten wollte; der Arzt, der die Insemination vornahm, hatte den Ehemann nicht zuvor über die Probleme aufgeklärt[70].

Wie der BGH beim Fehlen solcher besonderen Umstände entscheiden wird, ist noch offen. Am ehesten kommt eine abweichende Lösung nach Treu und Glauben wohl in Betracht, wenn der Wunsch nach dem Kind wohlüberlegt von dem Ehemann kam oder doch

---

[67] Streitstand in BGHZ 87, 169, 172f.

[68] BGHZ 87, 169; dazu etwa Coester-Waltjen, NJW 1983, 2059; Giesen, JR 1984, 221, 224f.

[69] Die Kritik an dieser Entscheidung (vgl. die vorige Fn.) berücksichtigt das m. E. zu wenig.

[70] Zum Inhalt dieser Aufklärung Giesen, JR 1984, 221, 228.

wenigstens einschränkungslos von ihm mitgetragen war und wenn die Anfechtung eine besondere Härte für das Kind bedeutet[71]. Denn immerhin betont der BGH[72] den Umstand, das Kind werde den Samenspender und damit seinen wirklichen Erzeuger ermitteln können.

bb) Damit komme ich zu der Rechtslage nach erfolgreicher Anfechtung. Durch sie verliert das Kind seine Ehelichkeit und damit zugleich die Verwandtschaft und das gesetzliche Erbrecht gegenüber seinem Scheinvater. Mit der Verwandtschaft muß auch der Unterhaltsanspruch gegenüber diesem wegfallen. Der BGH[73] hat zwar ausdrücklich erklärt, über Unterhaltsansprüche gegen den anfechtenden Ehemann nicht entscheiden zu wollen. Aber ein gesetzlicher Unterhaltsanspruch kann nur aus der Verwandtschaft folgen, die erloschen ist. Und als vertragliche Übernahme einer von der Verwandtschaft unabhängigen Unterhaltspflicht läßt sich die Einwilligung in die Fremdinsemination regelmäßig gewiß nicht verstehen.

Nach dem Verlust der Ehelichkeit muß die Feststellung des wirklichen Vaters betrieben werden. Als solcher kommt nur der Samenspender in Betracht. Daß dieser der Mutter nicht beigewohnt hat, muß auch hier ohne Bedeutung bleiben[74]. Wenn der Samenspender die Vaterschaft anerkannt hat oder gerichtlich als Vater festgestellt worden ist, schuldet er Unterhalt. Eine etwa schon bei der Samenspende vorgenommene Freistellung von dieser Verpflichtung ist zumindest gegenüber dem Kind unwirksam[75]. Unter besonderen Umständen mag eine solche Vereinbarung aber dahin umgedeutet werden, der andere Vertragsteil wolle den Spender von seiner Unterhaltspflicht freistellen. Auch kommt ein Schadensersatzanspruch des Spenders wegen falscher Beratung über die Rechtslage in Betracht[76].

---

[71] Dazu Coester-Waltjen aaO. 2059 f.: Das wird nur selten zu bejahen sein.
[72] BGHZ 87, 169, 178. Vgl. auch § 1761 Abs. 2 BGB, wonach das Kindswohl regelmäßig eine Aufhebung des Annahmeverhältnisses hindert.
[73] BGHZ 87, 169, 181.
[74] Wie bei oben Fn. 50.
[75] Giesen, JR 1984, 221, 227.
[76] So aus Verschulden bei Vertragsverhandlungen nach Zimmermann, FamRZ 1981, 929, 933, dagegen Giesen, JR 1984, 221, 227 (mich nicht überzeugend: Der Arzt haftet ja nicht nur bei ,,Täuschung", sondern schon bei Fahrlässigkeit, und ein mitwir-

Ob dem Spender ein solcher Anspruch auch gegen den Ehemann der Mutter zusteht, der zunächst durch seine Einwilligung die Geburt des Kindes veranlaßt und dann durch die Anfechtung die Nichtehelichkeit herbeigeführt hat, hängt von den Einzelheiten des Falles ab: ob die Einwilligung Gegenstand von Verhandlungen zwischen dem Ehemann und dem Spender war[77], oder ob der Ehemann den Spender vorsätzlich geschädigt hat[78].

Schon angesichts der mit einer Samenspende verbundenen Unterhaltsrisiken mag diese derart in die Anonymität verlegt werden, daß sich der Spender nicht mehr ermitteln läßt. Auch scheint bisweilen mit gleichem Erfolg ein Gemisch aus Spermien verschiedener Spender (mit der gräßlichen Bezeichnung ,,Samencoctail"[79]) Verwendung zu finden. Zumindest wenn mit solchen Methoden dem Kind sein biologischer Vater vorenthalten werden soll, sehe ich in ihnen einen klaren Verstoß gegen die guten Sitten[80]. Folglich sind die hierauf gerichteten Verträge nach § 138 BGB nichtig. Auch hat das Kind gegen diejenigen Personen, die an diesen Maßnahmen beteiligt sind, einen Schadensersatzanspruch nach § 826 BGB. Ob darüber hinaus das ,,Recht auf den Vater"[81] zum Allgemeinen Persönlichkeitsrecht gehört und daher durch § 823 Abs. 1 BGB auch gegen fahrlässige Verletzung geschützt wird, könnte Gegenstand eines eigenen Vortrags sein; ich muß das hier übergehen.

3. Kurz behandeln will ich stattdessen noch die Fallgruppe des sog. ,,Retortenbabys". Mit diesem Schlagwort wird der Sachverhalt bezeichnet, daß die Befruchtung einer Eizelle außerhalb des weiblichen Körpers vorgenommen worden ist (sog. in vitro-Fertilisation). Wel-

---

kendes Verschulden des Spenders führt nach § 254 BGB regelmäßig nur zur Anspruchsminderung).

[77] Dann kommt ein Ersatzanspruch aus Verschulden bei Vertragsverhandlungen in Betracht, vgl. die vorige Fn.

[78] Dann entsteht ein Ersatzanspruch aus § 826 BGB.

[79] Vgl. Giesen aaO. 226.

[80] Giesen aaO. Fn. 95 mit Belegen spricht hier – mit zivilrechtlich gleichem Ergebnis – von ,,eindeutiger Verfassungswidrigkeit". Daß 1979 eine Gesetzesinitiative des Europarats dem Spender die Anonymität garantieren (und damit dem Kind seinen Vater vorenthalten) wollte (vgl. Giesen aaO. Fn. 96), ist eine seltsame Verirrung.

[81] Vgl. Zimmermann, FamRZ 1981, 929, 932; Giesen aaO. 227; Lauff-Arnold, ZRP 1984, 279, 282 sowie ausführlich Kleinecke, Das Recht auf Kenntnis der eigenen Abstammung (Diss. Göttingen 1976); Diederichsen, FamRZ 1978, 463.

che zivilrechtlichen[82] Probleme hieraus folgen, hängt von der Herkunft von Ei- und Samenzelle ab.

a) Soweit die Zellen von denjenigen Personen stammen, die als Eltern des Kindes auftreten wollen, und wenn die befruchtete Eizelle auch der künftigen Mutter implantiert worden ist, ergeben sich keine besonderen Probleme: Das Kind kann – ungeachtet seiner ,,Zeugung" in der Retorte – das (ggf. eheliche) Kind dieses Paares werden. Nach einer treffenden Bemerkung von Günther Dürig[83] sollten solche Fälle ohne Beteiligung eines Dritten für die Juristen (und nicht weniger auch für die ,,Medien") nicht Stoff zur Diskussion geben, sondern bloß zur Diskretion.

b) Stammt dagegen das Sperma von einem Dritten, so gelangt man zu denselben Problemen, wie sie soeben (oben 2) bei der heterologen Insemination behandelt worden sind. Insbesondere kommt auch hier eine Anfechtung der Ehelichkeit in Betracht.

c) Ganz neuartige Probleme ergeben sich dagegen, wenn die befruchtete Eizelle einer anderen Frau implantiert wird als derjenigen, von der diese Zelle stammt. Denn dann gerät der dem BGB zugrunde liegende Satz[84] ins Wanken, daß mater semper certa est, sofern man auch der Eispenderin eine Mutterrolle zuweist. Und das dürfte nötig sein, weil ja die Anlagen des Kindes von der Eizelle mitbestimmt werden. Dann gibt es drei Möglichkeiten:

Entweder man bezeichnet die beiden an der Geburt beteiligten Frauen als ,,Mütter". Das ist nicht ohne Vorbild: Nach dem bis 1976 geltenden Adoptionsrecht waren Adoptivkinder außer mit ihren Adoptiveltern auch mit ihren leiblichen Eltern verwandt; sie hatten also zwei Elternpaare. Doch hat der Reformgesetzgeber von 1976 das für die Minderjährigenadoption gerade abgeschafft[85]; dem entspräche es nicht, außerhalb des Gesetzes für Minderjährige eine doppelte Mutterschaft einzuführen. Diese Möglichkeit hat also auszuscheiden.

---

[82] Zu den strafrechtlichen Fragen vgl. letztens Ostendorf, JZ 1984, 595; Lauff-Arnold aaO. 280f., beide mit Nachweisen.

[83] AöR 81 (1956) 117, 131, zustimmend Giesen aaO. 225 Fn. 64.

[84] Er zeigt sich darin, daß es weder ein Verfahren zur Feststellung noch ein Recht zur Anfechtung der Mutterschaft gibt. Der Verdacht einer Kindesverwechslung (etwa in der Geburtsklinik) begründet eine seltene Ausnahme.

[85] Vgl. oben Fn. 52.

Zweitens könnte man allein die Eispenderin als Mutter bezeichnen[86]. Dann ließe sich aber für jedes Kind der Status mit der einfachen Behauptung in Zweifel ziehen, es stamme aus dem Ei einer anderen Frau als der Gebärenden. Das widerspräche für die in einer Ehe geborenen Kinder dem Ziel, das § 1593 BGB für die väterliche Abstammung verfolgt: Die Abstammung von dem Ehemann und damit die Ehelichkeit sollen nur in einem streng gestalteten Verfahren und unter engen Voraussetzungen angefochten werden können. Und für nichtehelich Geborene bleibt der Grundgedanke von § 1600a BGB zu beachten: Nach ihm müßte auch die nicht schon durch die Geburt evidente nichteheliche Mutterschaft zunächst anerkannt oder gerichtlich festgestellt werden.

Dem Interesse des Kindes an einer ,,sicheren" Mutter genügt daher wohl nur die dritte Möglichkeit: Mutter des Kindes ist allemal zunächst allein diejenige Frau, die es geboren hat[87]. Wie man dann analog zu den §§ 1594ff. BGB ein Recht zur Anfechtung der Ehelichkeit und analog zu den §§ 1600bff. BGB ein Verfahren zur Feststellung der Eispenderin schaffen kann, ist eine schwierige Frage. Ich muß mich hier darauf beschränken, sie angedeutet zu haben. Hinzugefügt sei bloß noch, daß man dieser Frage auch dann nicht entgeht, wenn man den sog. Embryotransfer auf eine andere Frau als die Eispenderin für unzulässig oder sittenwidrig hält[88]. Denn der Status der auf solche Weise geborenen Kinder muß unabhängig davon geklärt werden, wie man die Vorgänge bewertet, die zu dieser Geburt geführt haben.

V. Methodologische Schlußbemerkungen

Aus neueren biologischen Erkenntnissen oder Techniken können sich noch weitere zivilrechtliche Probleme ergeben, etwa im Zusam-

---

[86] So Lauff-Arnold, ZRP 1984, 279, 282, weniger deutlich Coester-Waltjen, NJW 1983, 2059, 2060 und Deutsch in: Gentechnologie, Ethische und rechtliche Probleme der Anwendung zellbiologischer und gentechnischer Methoden am Menschen (1984) 17, 18.

[87] So jetzt auch Coester-Waltjen, FamRZ 1984, 230, 232f.

[88] Zurückhaltend Giesen, JR 1984, 221, 225.

menhang mit der sog Gentechnologie[89]. Doch fehlt mir hierzu schon
die nötige Einsicht in das Tatsächliche. Daher möchte ich mich auf
eine kurze Schlußbemerkung zu einem anderen, methodologischen
Punkt beschränken:

Alle in diesem Vortrag behandelten Fragen – ausgenommen allen-
falls diejenigen der ersten Fallgruppe – sind vom historischen Gesetzgeber des BGB nicht vorausgesehen worden. Trotzdem ist dem Zi-
vilrichter ein iusiurandum sibi non liquere[90] nicht erlaubt: Der Rich-
ter kann zwar – meist vergeblich – nach dem Gesetzgeber rufen, aber
er muß doch erst einmal entscheiden. Dieser Vortrag sollte zeigen,
daß und wie man für solche Entscheidungen das BGB vielfach nutz-
bar machen kann: neben dem Schadensersatz-, dem Abstammungs-
und dem Adoptionsrecht vor allem die Generalklauseln (gute Sitten,
Allgemeines Persönlichkeitsrecht). Insofern kann ein (gutes) Gesetz
sicher klüger sein als der Gesetzgeber.

---

[89] Dazu etwa Giesen aaO. 221 f.; Coester-Waltjen, FamRZ 1984, 230, dort auch
Nachweise über Äußerungen von medizinischer und journalistischer Seite.
[90] Vgl. Kaser, Das röm. Zivilprozeßrecht (1966) § 54 I.